Wie man glücklich wird
Grundsteine für Glück und Erfolg

(Foundation Stones to Happiness and Success)

Von

AF201354

James Allen

Wie man glücklich wird

Grundsteine für Glück und Erfolg

(Foundation Stones to Happiness and Success)

Von

James Allen

Impressum:

© 2019 Maria Weber (Übers.)

Herstellung und Verlag: BoD – Books on Demand, Norderstedt.

ISBN: 978-3-74940-993-8

Inhalt.

Vorwort.

Wie beginnt ein Mann mit dem Bau eines Hauses? Er besorgt sich zunächst einen Plan des angedachten Gebäudes und baut es dann nach dem Plan auf, wobei er ihm genauestens bis ins kleinste Detail folgt, beginnend mit dem Fundament. Sollte er zu Beginn schlampig arbeiten, wäre seine Arbeit vergeudet, und sein Gebäude, falls es denn fertiggestellt werden würde, ohne währenddessen in Stücke zu fallen, wäre unsicher und wertlos. Dasselbe Gesetz gilt für jede wichtige Arbeit: Der richtige Beginn und die wichtigste Grundlage ist *ein klar umrissener Plan, nach dem man sich richten kann.*

Die Natur wird keine schlampige Arbeit und keine Liederlichkeit dulden, und sie macht Unordnung zunichte, oder vielmehr macht Unordnung sich selbst zunichte. Ordnung, Klarheit und eine zielgerichtete

Absicht setzen sich stets durch, und wer in seinen Handlungen diese mathematischen Elemente ignoriert, beraubt sich gleichzeitig der Substanz, der Vollständigkeit, der Zufriedenheit und des Erfolgs.

JAMES ALLEN.

1.

Richtige Prinzipien.

Es ist klug zu wissen, was zuerst kommt und was zuerst zu tun ist. Etwas in der Mitte oder am Ende zu beginnen, bedeutet, es durcheinander zu bringen. Der Athlet, der mit der Überschreitung der Ziellinie begänne, würde den Wettbewerb nicht gewinnen. Er muß an der Startlinie beginnen und das Ziel anvisieren, und selbst dann ist ein guter Start wichtig, wenn er gewinnen will. Der Schüler beginnt nicht mit Algebra und Literatur, sondern mit Zählen und dem ABC. So ist es auch im Leben – die Geschäftsleute, die von unten anfangen, erzielen den dauerhafteren Erfolg. und die religiösen Männer, die die höchsten Stufen des spirituellen Wissens und der Weisheit erreichen, haben sich zuerst gebückt, um eine geduldige Lehre in bescheidenen Aufgaben abzuleisten, und die gewöhnlichen Erfahrungen anderer Menschen nicht verschmäht oder die Lehren, die von ihnen zu lernen sind, ignoriert.

Die wichtigsten Dinge in einem gesunden Leben – und damit in einem wirklich glücklichen und erfolgreichen Leben – sind die *richtigen Prinzipien*. Wenn man zu Beginn keine richtigen Prinzipien hat, folgen zunächst falsche Praktiken, die wiederum in ein verpfuschtes und elendes Leben münden. Die unendliche Menge von Berechnungen, die den Handel und die Wissenschaft der Welt darstellen, bestehen aus den Zahlen eins bis zehn. Alle Hunderttausende von Büchern, die die Literatur der Welt ausmachen und ihr Denken und ihren Geist verewigen, sind auf den sechsundzwanzig Buchstaben des Alphabets aufgebaut. Der größte Astronom kann die zehn einfachen Zahlen nicht ignorieren. Der durchgeistigste Mensch kann nicht auf die 26 einfachen Buchstaben verzichten. Die Grundlagen in allen Dingen sind wenige und einfach: Und doch gibt es ohne sie kein Wissen und keine Errungenschaften. Die Grundlagen – die Grundprinzipien – im

Leben, oder vielmehr im wahrhaften Leben, sind ebenfalls wenige und einfach, und um sie gründlich zu erlernen und zu verstehen, wie sie auf alle Einzelheiten des Lebens angewendet werden können, heißt Unordnung zu vermeiden und eine solide Grundlage für den geordneten Aufbau eines unerschütterlichen Charakters und für einen dauerhaften Erfolg zu schaffen. Und diese Prinzipien mitsamt ihren Auswirkungen im Labyrinth des Verhaltens zu verstehen, heißt, ein Meister des Lebens zu werden.

Die obersten Prinzipien im Leben sind Verhaltensgrundsätze. Sie zu nennen ist einfach. Als bloße Worte sind sie in aller Munde, aber als feste Handlungsgrundsätze, die keinen Kompromiß zulassen, haben nur wenige sie gelernt. In dieser kurzen Abhandlung werde ich fünf dieser Prinzipien behandeln. Diese fünf gehören zu den einfachsten der Grundprinzipien des Lebens, aber sie sind diejenigen, die dem täglichen Leben am nächsten kommen, denn sie betreffen den Handwerker, den Geschäftsmann, den Haushaltsvorstand, den Bürger in jedem Punkt. Auf keines von ihnen kann verzichtet werden (und unterläßt man doch eines, ist dies mit spürbaren negativen Folgen verbunden), und wer ihre Anwendung perfektioniert, wird vielen der Schwierigkeiten und Mißerfolge des Lebens entgehen und in jene Quellen und Gedankenströme gelangen, die unbehelligt in die Regionen des dauerhaften Erfolgs fließen.

Das erste dieser Prinzipien ist:

PFLICHT – Ein sehr abgedroschenes Wort, ich weiß, aber sie enthält ein kostbares Juwel für denjenigen, der sie gewissenhaft erfüllt. Das Prinzip der Pflicht bedeutet die strikte Verfolgung der eigenen Angelegenheiten und die ebenso strikte Nichteinmischung in die Angelegenheiten anderer. Der Mann, der andere ständig ungefragt darüber unterrichtet, wie sie mit ihren Angelegenheiten umgehen sollen, ist derjenige, der seine eigenen am schlechtesten regelt. Pflicht bedeutet auch ungeteilte Aufmerksamkeit für die vor einem liegende Aufgabe und intelligente Konzentration des Geistes auf die zu erledigende Arbeit; sie umfaßt alles, was Gründlichkeit, Genauigkeit und Effizienz beinhaltet. Die Einzelheiten der Pflichten sind von Person zu Person verschieden, und jeder Mensch sollte seine eigene Pflicht besser kennen als die seiner Nachbarn, und besser als seine Nachbarn die seine kennen; und obwohl sich die einzelnen Arbeiten unterscheiden, ist das Prinzip stets dasselbe.

EHRLICHKEIT ist das nächste Prinzip. Es bedeutet, nicht zu übertreiben und niemanden zu betrügen. Es beinhaltet das Fehlen von Lug und Trug sowie jeglicher Schönfärberei durch Wort, Blick oder Geste. Es beinhaltet Aufrichtigkeit, das ehrliche Aussprechen dessen, was man denkt, und das Einstehen für das, was man sagt. Es verschmäht krampfhafte Höflichkeit und glänzende Komplimente. Es bewirkt einen guten Ruf, und ein guter Ruf bewirkt gute Geschäfte und die helle Freude, die den wohlverdienten Erfolg begleitet.

SPARSAMKEIT ist das dritte Prinzip. Die Schonung der finanziellen Ressourcen ist nur das Vorzimmer, das zu den geräumigeren Sälen wahrer Sparsamkeit führt. Es bedeutet auch, die eigene Körperkraft und die geistigen Ressourcen sinnvoll zu verwalten. Es fordert die Einsparung von Kräften durch die Vermeidung aufreibender Sinnesfreuden und Maßlosigkeit. Die Sparsamkeit versorgt ihre Anhänger mit Stärke, Ausdauer, Wachsamkeit und Belastbarkeit. Sie verleiht dem, der sie gut beherrscht, große Macht.

GROSSZÜGIGKEIT folgt der Sparsamkeit. Sie steht ihr nicht entgegen. Nur der Sparsame kann es sich leisten, großzügig zu sein. Der Verschwender, ob in Geld, Körperkraft oder geistiger Energie, verschwendet so viel für seine eigenen elenden Freuden, daß er nichts übrig hätte, um es anderen zu schenken. Das Geben von Geld ist der geringste Teil der Großzügigkeit. Es gibt ein Mitteilen von Gedanken und Taten und Mitgefühl, das Schenken von Wohlwollen, das großmütige Verhalten gegenüber Verleumdern und Gegnern. Es ist ein Prinzip, das einen edlen, weitreichenden Einfluß erzeugt. Es beschert einem liebevolle Freunde und treue Kameraden und ist der Feind von Einsamkeit und Verzweiflung. Die Bedeutung von Großzügigkeit kann man nicht hoch genug bemessen.

SELBSTKONTROLLE ist das letzte dieser fünf Prinzipien, jedoch das wichtigste. Ihre Vernachlässigung ist die Ursache für großes Elend, unzählige Mißerfolge und Zehntausende von finanziellen, physischen und psychischen Totalschäden. Der Geschäftsmann, der wegen einer Kleinigkeit gegenüber einem Kunden die Beherrschung verliert, wird jener sein, der durch sein Verhalten zum Scheitern verurteilt ist. Wenn alle Menschen nur die Anfangsstadien der Selbstkontrolle üben würden, wäre der Zorn mit seinem verzehrenden und zerstörerischen Feuer unbekannt. Die Lehren von Geduld, Reinheit, Sanftmut, Freundlichkeit und Standhaftigkeit, die im Prinzip der Selbstkontrolle enthalten sind, werden von den Menschen nur langsam erlernt, doch bis sie wirklich verinnerlicht sind, sind der Charakter und der Erfolg eines Mannes unsicher und ungewiß. Wo ist der Mann, der sich in Selbstkontrolle perfektioniert hat? Wo er auch sein mag, so ist er wahrlich ein Meister.

Die fünf Prinzipien sind fünf Übungen, fünf Wege zur Erreichung des Ziels und fünf Wissensquellen. Es gibt ein altes Sprichwort und eine gute Regel, welche besagt: „Übung macht den Meister", und wer sich die Weisheit, die diesen Prinzipien innewohnt, zu eigen machen will, darf sie nicht nur aussprechen, sie müssen seinem Herzen innewohnen. Um sie zu verstehen und um zu erhalten, was sie allein bewirken können, muß er *nach ihnen handeln*.

2.

Solide Methoden.

Aus den fünf vorangehenden Richtigen Prinzipien werden, wenn sie wahrhaft verinnerlicht und praktiziert werden, *Solide Methoden* hervorgehen. Richtige Prinzipien manifestieren sich in harmonischem Handeln, und die Methode ist für das Leben, was das Gesetz für das Universum ist. Überall im Universum gibt es die harmonische Aneinanderfügung von Teilen, und diese Symmetrie und Harmonie bildet einen Kosmos, der sich vom Chaos unterscheidet. Im menschlichen Leben liegt daher der Unterschied zwischen einem wahren und einem falschen Leben, zwischen einem zweckmäßigen und effektivem, und einem zwecklosen und schwachen, in der Methode.

Das falsche Leben ist ein unzusammenhängendes Durcheinander von Gedanken,

Leidenschaften und Taten; das wahre Leben ist ein geordnetes Gefüge aller seiner Teile. Es ist der Unterschied zwischen einem Haufen Gerümpel und einer reibungslos arbeitenden, effizienten Maschine. Ein einwandfrei funktionierendes Gerät ist nicht nur nützlich, sondern auch eine erstaunliche und interessante Sache; wenn jedoch alle Teile außer Betrieb sind und sich nicht neu einstellen lassen, ist seine Nützlichkeit und sein Reiz verschwunden, und es wird auf den Schrotthaufen geworfen. Ebenso ist ein Leben, das in all seinen Teilen perfekt eingestellt ist, um den höchsten Wirkungsgrad zu erreichen, nicht nur eine kraftvolle, sondern auch eine hervorragende und schöne Sache; ein ungeordnetes, unbeständiges und widersprüchliches Leben hingegen ist eine beklagenswerte Zurschaustellung von Energievergeudung.

Wenn das Leben wirklich gelebt werden soll, muß die Methodik in jedes Detail eingehen und dieses regulieren, wie sie jedes Detail des wunderbaren Universums, von welchem wir einen Teil bilden, reguliert.

Einer der entscheidenden Unterschiede zwischen einem Weisen und einem Dummkopf ist, daß der Weise den kleinsten Dingen Aufmerksamkeit schenkt, während der Dummkopf sie nur flüchtig betrachtet oder ganz über sie hinwegsieht. Weisheit besteht darin, die Dinge in ihren richtigen Zusammenhängen zu belassen, alle Dinge, sowohl die Kleinsten als auch die Größten, an ihren eigenen Orten und Zeiten zu bewahren. Die Ordnung zu verletzen bedeutet Unordnung und Disharmonie zu erzeugen, und *Unglücklichkeit* ist nur ein anderes Wort für Disharmonie.

Der gute Geschäftsmann weiß, daß systematische Arbeit einen Großteil des Erfolges ausmachen und daß Unordnung zum Scheitern führt. Der Weise weiß, daß diszipliniertes, methodisches Leben einen Großteil des Glücks ausmachen, und daß Liederlichkeit Elend bedeutet. Ist nicht einer ein Dummkopf, wenn er gedankenlos ist, vorschnell handelt und liederlich lebt? Ist nicht einer ein Weiser, wenn er bedächtig ist, ruhig handelt und beständig lebt?

Die solide Methode endet nicht mit der richtigen Anordnung der materiellen Dinge und äußeren Lebensbeziehungen; dies ist nur der Anfang; sie mündet in die Neuanpassung des Geistes – die Disziplinierung der Leidenschaften, die Aussonderung und Auswahl von Wörtern in der Sprache, die logische Anordnung der Gedanken und die Auswahl der richtigen Handlungen.

Um zu erreichen, daß man durch die Anwendung solider Methoden ein gutes, erfolgreiches und schönes Leben führt, soll man nicht mit der Vernachlässigung der kleinen alltäglichen Dinge, sondern mit deren aufmerksame Beachtung beginnen. Daher ist die Stunde des Aufstehens wichtig und auch ihre Regelmäßigkeit; ebenso wie der Zeitpunkt des Ausruhens nach der Arbeit und die Anzahl der Stunden, in denen man sich Schlaf gönnt. Die Regelmäßigkeit und die Unregelmäßigkeit der Mahlzeiten und die Achtsamkeit und die Unachtsamkeit, mit der sie gegessen werden, machen den Unterschied zwischen einer guten und einer schlechten Verdauung (mit allem, was dazugehört) und zwischen einer gereizten oder angenehmen Gemütslage mit ihrem guten oder schlechten Gefolge aus, denn das Anhängen an diesen Essenszeiten und Eßgewohnheiten ist sowohl von physiologischer als auch von psychologischer Bedeutung. Die angemessene Aufteilung der Zeit für Geschäft und Spiel, nicht die Vermischung der beiden, das geordnete Einteilen aller geschäftlichen Aufgaben, Zeiten für Einsamkeit, für stille Gedanken und für effektives Handeln, für Essen und für Abstinenz – all diese Dinge müssen ihren rechtmäßigen Platz im Leben desjenigen haben, dessen „tägliche Routine" darin besteht, mit dem Minimum an Reibung vorzugehen, und der das Beste an Nützlichkeit, Einfluß und Freude aus dem Leben herausholen will.

Aber all dies ist nur der Anfang dieser umfassenden Methodik, die das gesamte Leben und Sein umfaßt. Wenn diese reibungslose Ordnung und Schlüssigkeit sich auf die Worte und Handlungen, auf die Gedanken und Wünsche ausdehnt, entsteht

Weisheit aus Torheit, und aus Schwäche wird erhabene Macht. Wenn ein Mensch seinen Verstand so anordnet, daß er zwischen allen seinen Teilen eine schöne Harmonie schafft, dann erreicht er die höchste Weisheit, die höchste Leistungsfähigkeit und das höchste Glück.

Aber dies ist das Ziel; und wer das Ziel erreichen will, muß am Start beginnen. Er muß die kleinsten Details seines Lebens auf logische Weise systematisieren und glätten und Schritt für Schritt zum endgültigen Ziel vorgehen. Aber jeder Schritt wird zu seiner Stärke und Freude beitragen.

Zusammengefaßt läßt sich sagen, daß Methodik jene Gleichmäßigkeit erzeugt, die mit Stärke und Effizienz einhergeht. Disziplin ist auf den Geist angewandte Methodik. Sie erzeugt jene Ruhe, die mit Kraft und Glück einhergeht. Methodik bedeutet nach der Regel *zu arbeiten*; Disziplin die Regel *zu leben*. Arbeiten und Leben sind jedoch nicht getrennt; sie sind nur zwei Aspekte des Charakters und des Lebens.

Sei deshalb in der Arbeit gewissenhaft, in der Sprache genau, im Denken logisch. Zwischen diesem und Schludrigkeit, Ungenauigkeit und Unordnung liegt der Unterschied zwischen Erfolg und Mißerfolg, Musik und Mißklang, Glück und Elend.

Die Annahme solider Methoden für Arbeiten, Handeln und Denken – kurz gesagt, für das Leben, ist die sicherste Grundlage für eine stabile Gesundheit, bleibenden Erfolg und tiefen Seelenfrieden. Die Grundlagen unsicherer Methoden werden sich als instabil erweisen und Furcht und Unruhe hervorrufen, selbst wenn sie erfolgreich zu sein scheinen; und wenn die Zeit des Scheiterns kommt, ist es in der Tat sehr schmerzlich.

3.

Richtige Handlungen.

Wer den richtigen Prinzipien und Methoden folgt, gelangt zu richtigen Handlungen. Wer sich bemüht, die wahren Prinzipien zu verstehen und mit soliden Methoden zu arbeiten, wird bald erkennen, daß man Details des Verhaltens nicht übersehen kann. Diese Details sind tatsächlich ihrer Natur nach grundlegend verschieden und besitzen daher eine tiefere Bedeutung und eine umfassende Bedeutung; und diese Wahrnehmung und das Wissen um die Natur und die Kraft von vorübergehenden Handlungen werden ihm allmählich eine zusätzliche Vision, eine neue Offenbarung, eröffnen. Wenn er diese Einsicht gewinnt, wird sein Fortschritt schneller sein, sein Lebensweg sicherer, seine Tage ruhiger und friedlicher; in allen Dingen wird er den aufrechten und direkten Weg gehen, unbeeinflußt und ungestört von den äußeren Kräften, die um ihn herum herrschen. Nicht daß er dem Wohlergehen und dem Glück seiner Mitmenschen gleichgültig gegenüberstehen wird; das ist etwas ganz anderes; aber er wird ihren Meinungen, ihrer Ignoranz und ihren ungezügelten Leidenschaften gegenüber gleichgültig gegenüberstehen. Mit *Richtigen Handlungen* ist das richtige Handeln gegenüber anderen gemeint, und der recht Handelnde weiß, daß im Einklang mit der Wahrhaftigkeit stehende Taten nur dem Glück derer dienen, die ihn umgeben, und er wird sie selbst dann tun, wenn sich eine Gelegenheit ergeben sollte, daß jemand aus seinem Umfeld ihm rät oder ihn auffordert, anders zu handeln.

Richtige Handlungen können von jedem, der falsche Handlungen vermeiden und richtige annehmen will, leicht von falschen unterschieden werden. In der materiellen Welt unterscheiden wir die Dinge nach ihrer Form, Farbe, Größe usw., wählen die Dinge aus, die wir benötigen, und legen die Dinge beiseite, die für uns nicht nützlich sind. Was die geistigen Tätigkeiten angeht, so können wir zwischen denjenigen unterscheiden, die schlecht sind, und jenen, die von Natur aus in ihren Zielen und ihrer Wirkung gut sind, und können diejenigen auswählen und annehmen, die gut sind, und diejenigen verschmähen, die schlecht sind.

Bei allen Formen des Fortschritts geht *das Vermeiden des Schlechten* immer der *Annahme und dem Bewußtsein des Guten* voran, so wie ein Kind in der Schule lernt, seine Lektionen richtig zu machen, indem es wiederholt darauf hingewiesen wird, was es falsch gemacht hat. Wenn jemand nicht weiß, was falsch ist und wie er es vermeiden kann, wie kann er dann wissen, was richtig ist und wie man es praktiziert? Schlechte oder unrichtige Handlungen sind jene, die nur das eigene Glück berücksichtigen und das Glück anderer vernachlässigen, die bei massiven Geistes-verwirrungen und widrigen Leidenschaften entstehen, oder die eine Verschleierung erfor-dern, um unerwünschte Komplikationen zu vermeiden. Gute oder richtige Handlungen sind diejenigen, die aus einer Rücksichtnahme für andere entspringen, die in ruhiger Vernunft und aus harmonischen, auf moralischen Grundsätzen beruhenden Gedanken entstehen und die den Handelnden nicht in Schimpf und Schande brächten, wenn sie bekannt würden.

Der recht Handelnde wird jene Handlungen des persönlichen Vergnügens und der Befriedigung vermeiden, die aufgrund ihrer Natur anderen Ärger, Schmerz oder Leid bereiten, egal wie unbedeutend diese Handlungen erscheinen mögen. Er wird damit beginnen, diese Gewohnheiten abzulegen; er wird zur Annahme des Selbstlosen und Richtigen gelangen, indem er zuerst das Egoistische und Unrichtige opfert. Er wird lernen, nicht in Wut, Eifersucht oder Groll zu sprechen oder zu handeln, sondern wird darüber nachdenken, wie er seinen Geist kontrollieren kann, und wird ihn vor dem Handeln zur Ruhe bringen. Und am allerwichtigsten: er wird, als ob es tödliches Gift wäre, vermeiden, Täuschungen, Betrug und Doppelspiel zu treiben, um sich einen persönlichen Vorteil zu verschaffen, welches früher oder später zu Schimpf und Schande führt. Wenn ein Mann dazu aufgefordert wird, etwas zu tun, das er verbergen muß, und das er nicht rechtmäßig und offen verteidigen würde, wenn er von Zeugen geprüft würde, sollte er dadurch wissen, daß es eine falsche Handlung ist und daß sie unverzüglich aufgegeben werden muß.

Die Durchführung dieses Grundsatzes der Ehrlichkeit und Aufrichtigkeit des Handelns wird ihn außerdem auf einen solchen Weg der Besonnenheit im rechten Handeln führen, der es ihm ermöglicht, die Handlungen zu vermeiden, die ihn in die betrügerischen Praktiken anderer Menschen einbeziehen. Bevor er Papiere unterschreibt oder mündliche oder schriftliche Vereinbarungen trifft oder sich auf deren Wunsch, insbesondere wenn sie Fremde sind, in irgendeiner Weise mit anderen in Verbindung setzt, wird er zuerst nach der Art der Arbeit oder des Unternehmens fragen und wird, nachdem er dies erfahren hat, genau wissen, was zu tun ist, und sich der Bedeutung seiner Handlung voll bewußt sein. Für den recht

Handelnden ist *Unbesonnenheit* ein Verbrechen. Tausende von Handlungen, die mit guter Absicht ausgeführt werden, führen zu verheerenden Konsequenzen, weil es sich um gedankenlose Handlungen handelt, und es liegt etwas Wahres in der Aussage, „daß der Weg zur Hölle mit guten Absichten gepflastert ist". Wer richtig handelt, ist vor allem besonnen: „Seid also weise wie die Schlangen und harmlos wie die Tauben."

Der Begriff *Unbesonnenheit* umfaßt ein weites Feld im Bereich der Taten. Nur wenn er besonnener wird, kann der Mensch die Natur der Handlungen verstehen und dadurch die Kraft erlangen, *stets das Richtige zu tun.* Es ist unmöglich, besonnen zu sein und zugleich töricht zu handeln. Besonnenheit schließt Weisheit in sich ein.

Es reicht nicht aus, daß eine Handlung durch einen guten Impuls oder eine gute Absicht ausgelöst wird; sie muß aus *besonnener Überlegung* heraus entstehen, wenn es eine richtige Handlung sein soll; und der Mann, der dauerhaft in sich ruhen und gut zu anderen sein will, darf sich nur mit richtigem

Handeln beschäftigen. „Ich habe es mit den besten Absichten getan", ist eine schlechte Entschuldigung von jemandem, der sich unbesonnen in das Fehlverhalten anderer verwickelt hat. Seine bittere Erfahrung sollte ihn lehren, in Zukunft besonnener zu handeln.

Richtige Taten können nur einem reinen Geist entspringen, und daher korrigiert und perfektioniert ein Mensch seinen Geist, während er lernt, zwischen dem Falschen und dem Richtigen zu unterscheiden und zu wählen, und macht ihn dadurch harmonischer und trefflicher, effizienter und stärker. Wenn er das „innere Auge" erwirbt, um das Richtige in allen Details des Lebens deutlich zu erkennen, und zur Überzeugung und der Fähigkeit gelangt, richtig zu handeln, wird er erkennen, daß er das Gebäude seines Charakters und seines Lebens auf einem Felsen baut, wo die Winde des Scheiterns und die Stürme der Verfolgung es niemals umstürzen können.

4.

Wahre Rede.

Wahrhaftigkeit wird nur durch Übung erlernt. Ohne Aufrichtigkeit kann es keine Erkenntnis der Wahrhaftigkeit geben; und wahre Rede ist der Beginn aller Aufrichtigkeit. Wahrheit in all ihrer innewohnenden Schönheit und ursprünglichen Einfachheit besteht darin, alles das, was falsch ist, aufzugeben und es nicht zu tun, und alles das, was wahr ist, anzunehmen und es zu tun. Die wahre Rede ist daher einer der Grundsteine des unverfälschten Lebens. Falschheit und alle Formen der Täuschung; Verleumdung und alle Formen der üblen Rede – diese müssen vollständig aufgegeben und beseitigt werden, bevor der Geist auch nur einen geringen Grad an spiritueller Erleuchtung erlangen kann. Der Lügner und Verleumder ist in der Dunkelheit verloren;

seine Dunkelheit ist so tief, daß er nicht zwischen Gut und Böse unterscheiden kann, und er versucht sich selbst davon zu überzeugen, daß seine Lügen und seine üble Rede notwendig und gut sind, und daß er sich und andere Menschen damit schützt.

Man lasse den angehenden Schüler „höherer Dinge" innehalten und sich vor Selbsttäuschung hüten. Wenn er Worte äußert, die täuschen, oder er übel von anderen spricht – wenn er voller Unaufrichtigkeit, Neid oder Bosheit spricht, hat er noch nicht begonnen, höhere Dinge zu studieren. Vielleicht studiert er Metaphysik oder psychische Phänomene oder astrale Wunder. Er mag lernen, mit unsichtbaren Wesen zu kommunizieren, im Schlaf astrale Reisen zu unternehmen oder merkwürdige Phänomene hervorzurufen – er mag sich sogar auf theoretische Weise mit der Spiritualität, als ein einfaches Studium von Büchern, beschäftigen, aber wenn er bloß ein Aufschneider und ein Schwätzer ist, ist das höhere Leben vor ihm verborgen. Denn die höheren Dinge sind diese – *Aufrichtigkeit, Ehrlichkeit, Unschuld, Reinheit, Freundlichkeit,*

Sanftmut, Treue, Demut, Geduld, Mitleid, Mitgefühl, Selbstaufopferung, Freude, Wohlwollen, Liebe – und wer sie studiert, kennt sie und macht sie sich zu eigen, *muß* sie ausüben, denn es gibt keinen anderen Weg.

Lügen und üble Reden gehört zu den niedrigsten Formen spiritueller Unwissenheit, und es kann keine spirituelle Erleuchtung geben, solange sie praktiziert werden. Sie werden aus Selbstsucht und Haß geboren.

Verleumdung ähnelt Lügen, ist jedoch noch subtiler, da sie häufig mit Empörung verbunden ist; und indem sie erfolgreicher den Anschein der Wahrheit annimmt, verstrickt sie viele, die keine vorsätzliche Falschheit äußern würden, in ihrem Netz. Denn es gibt zwei Seiten der Verleumdung – es gibt *das In-Umlauf-bringen und die stete Wiederholung*, und es gibt *das darauf Hören und danach Handeln*. Der Verleumder wäre ohne Zuhörer machtlos. Böse Worte erfordern ein Ohr, das für das Böse empfänglich ist, und in das sie fallen können, bevor sie gedeihen können. Wer also einem Verleumder zuhört, wer dessen Worte glaubt und sich gegen die Person stimmen läßt, deren Charakter und Ruf diffamiert werden, befindet sich in derselben Position wie derjenige, der den bösen Bericht aufgebracht oder wiederholt hat. Der Übeltäter ist ein aktiver Verleumder; der dem Bösen Zuhörende ist ein passiver Verleumder. Die beiden arbeiten bei der Verbreitung des Bösen zusammen.

Verleumdung ist ein verbreitetes Laster und ein dunkles und schädliches. Eine üble Nachrede beginnt in Unwissenheit und verfolgt ihren Weg blind in der Dunkelheit. Für gewöhnlich beginnt sie als ein Mißverständnis. Jemand hat das Gefühl, daß er oder sie schlecht behandelt wurde, und entlädt seinen Unmut voller Empörung und Groll gegenüber seinen Freunden und anderen in heftigen Worten und übertreibt dabei die Ungeheuerlichkeit der empfundenen Beleidigung aufgrund seines Gefühls der Verletzung; ihm wird zugehört und es wird mit ihm sympathisiert. Die Zuhörer, ohne die Version *der anderen Person* über das Vorgefallene anzuhören, und auf keinen anderen Beweis als die aufgebrachten Worte eines zornigen Mannes oder einer wütenden Frau hörend, nehmen eine kühle Haltung gegenüber demjenigen ein, gegen den gesprochen wird, und wiederholen anderen gegenüber, was ihnen erzählt wurde; und da eine solche Wiederholung immer mehr oder weniger ungenau ist, wandert ein verzerrter und insgesamt unwahrer Bericht bald von einem zum andern.

Da Verleumdung ein so verbreitetes Laster ist, kann sie das Leid und die Verletzung in dem Maße verursachen, wie sie es tut. Weil so viele – welche keine vorsätzlichen Übeltäter und sich der Natur des Bösen, dem sie so leicht verfallen können, nicht bewußt sind – bereit sind, sich von einem Menschen beeinflussen zu lassen, den sie bisher als ehrenwert angesehen haben, kann eine üble Nachrede ihre schädliche Arbeit tun. Doch sie kann nur unter denen wirken, die nicht die Tugend der aufrichtigen Rede erworben haben, und die nicht über einen wahrheitsliebenden Geist verfügen. Wenn jemand, der sich nicht vollständig davon befreit hat, eine üble Nachrede zu glauben oder zu wiederholen, von einer üblen Aussage über sich selbst hört, wird sein Geist von brennendem Groll entflammt, und seine Nachtruhe und sein Seelenfrieden werden gestört. Er glaubt, daß die Ursache all seines Leidens in dem anderen Menschen und in dem liegt, was dieser über ihn gesagt hat, und ist sich der Wahrheit nicht bewußt, *daß die Wurzel und die Ursache seines Leidens in seiner eigenen Bereitschaft liegt, einer üblen Nachrede über einen anderen zu glauben.* Der tugendhafte Mensch – derjenige, der selbst die Wahrheit spricht und dessen Geist sogar gegen den Anschein übler Nachrede versiegelt ist – kann nicht über irgendwelche bösen Berichte über sich selbst verletzt und aufgebracht werden; und obwohl sein Ruf in den Köpfen derjenigen, *die anfällig für böse Einflüsterungen sind*, eine Zeitlang befleckt sein mag, bleibt seine Integrität unberührt und sein Charakter unbefleckt; denn niemand kann durch die bösen Taten eines anderen befleckt werden, sondern nur durch seine eigenen Vergehen. Und so ist er durch jede falsche Darstellung und Mißverständnisse hindurch unbesorgt und empfindet keinen Rachedurst; seine Nachtruhe ist ungetrübt und sein Geist genießt weiterhin Frieden.

Die wahre Rede ist der Beginn eines reinen, weisen und wohlgeordneten Lebens. Wenn jemand zur Reinheit des Lebens gelangen wollte, wenn er das Böse und das Leid der Welt abschwächen wollte, muß er von der Lüge und der Verleumdung in Gedanken und Worten ablassen und bereits das Auftreten dieser Dinge vermeiden, denn es gibt keine schädlicheren Lügen und Verleumdungen als Halbwahrheiten, und er darf nicht an der üblen Nachrede teilhaben, indem er darauf hört. Er soll auch Mitleid mit dem schlecht Redenden haben und verstehen, daß dieser sich selbst an Leiden und Unruhe bindet, denn kein Lügner kann die Glückseligkeit der Wahrheit kennen, und kein Verleumder das Königreich des Friedens betreten.

Aufgrund der Worte, die er sagt, wird der geistige Zustand eines Mannes erklärt; auch wird er aufgrund dieser endgültig und unfehlbar beurteilt, denn wie der göttliche Meister der christlichen Welt erklärt hat: „Aufgrund deiner Worte sollst du freigesprochen und aufgrund deiner Worte sollst du verurteilt werden."

5.

Gleichmut.

Gleichmütig zu sein bedeutet, friedlich zu sein, denn man kann kaum sagen, daß ein Mann zur Ruhe gekommen ist, der zuläßt, daß sein Gemüt gestört und durch Ereignisse aus dem Gleichgewicht gebracht wird.

Der Weise ist leidenschaftslos und begegnet allen Dingen mit der Ruhe eines in sich ruhenden und vorurteilsfreien Geistes. Er ist kein Eiferer, da er sich der Leidenschaft entledigt hat, und er ist stets in Frieden mit sich und der Welt, bezieht weder Partei noch verteidigt er sich, sondern ist zu jedem gleichermaßen freundlich.

Der Eiferer ist so überzeugt, daß seine eigene Meinung und seine eigene Seite richtig sind und alles, was ihnen zuwiderläuft, falsch ist, daß er nicht glauben kann, daß in der anderen Meinung und der anderen Seite etwas Gutes liegen kann. Er lebt in einer ständigen Anspannung, ist stets darauf gefaßt, anzugreifen oder sich zu verteidigen, und kennt den ruhigen Frieden eines ausgeglichenen Geistes nicht.

Der gleichmütige Mann achtet auf sich selbst, um bereits das erste Aufflackern von Leidenschaft und Vorurteilen in seinem Geist zu unterbinden und zu überwinden. Dadurch entwickelt er Mitgefühl für andere und es gelingt ihm, ihre Position und ihren besonderen Geisteszustand zu verstehen; und indem er andere zu verstehen beginnt, merkt er, wie töricht es ist, sie zu verurteilen und ihnen gegenüber feindlich gesinnt zu sein. So wächst in seinem Herzen eine grenzenlose göttliche Nächstenliebe heran, die sich auf alle Dinge erstreckt, die leben, streben und leiden.

Wenn ein Mann von Leidenschaft und Vorurteilen beherrscht wird, ist er geistig blind. Wenn er auf seiner eigenen Seite nur Gutes sieht und auf der anderen nur Böses, kann er nichts sehen, wie es wirklich ist, nicht einmal seine eigene Seite; und da er sich selbst nicht versteht, kann er die Herzen anderer nicht verstehen und hält es für richtig, daß er sie verurteilt. So wächst in seinem Herzen ein dunkler Haß auf diejenigen, die sich weigern, seine Sichtweise zu teilen, er treibt einen Keil zwischen sich und seine Mitmenschen und sperrt sich in eine enge Folterkammer, die er selbst geschaffen hat.

Süß und friedlich sind die Tage des gleichmütigen Mannes, fruchtbar im Guten und reich an vielfältigen Segnungen. Geleitet von Weisheit vermeidet er jene Wege, die zu Haß, Kummer und Schmerz führen, und schlägt diejenigen ein, die zu Liebe, Frieden und Glück führen. Die Wechselfälle des Lebens betrüben ihn nicht und er trauert auch nicht über die Dinge, die von der Menschheit als schmerzlich angesehen werden, die aber alle Menschen im gewöhnlichen Lauf der Natur treffen müssen. Er ist weder vom Erfolg beflügelt, noch vom Mißerfolg niedergeschlagen. Er sieht die Ereignisse seines Lebens, wie sie wirklich sind, und läßt keinen Spielraum für selbstsüchtige Wünsche oder vergebliches

Bedauern, für unerfüllbare Erwartungen und kindliche Enttäuschungen.

Und wie wird dieser Gleichmut – dieser gesegnete Zustand des Geistes und des Lebens – erworben? Nur indem man das eigene Selbst überwindet, nur durch die Reinigung des eigenen Herzens, denn die Reinigung des Herzens führt zu einem unvoreingenommenen Verständnis, ein unvoreingenommenes Verständnis führt zu Gleichmut, und Gleichmut führt zum Frieden. Der unreine Mensch wird von den Wellen der Leidenschaft fortgerissen; der reine Mensch steuert in den Hafen der Ruhe. Der Narr sagt: „Ich habe eine Meinung", der Weise kümmert sich um seine Angelegenheiten, indem er handelt.

6.

Gute Ergebnisse.

Ein beträchtlicher Teil der Geschehnisse des Lebens widerfährt uns, ohne daß wir sie *direkt* entschieden haben, und im Allgemeinen wird davon ausgegangen, daß solche Geschehnisse keinen Bezug zu unserem Willen oder Charakter haben, sondern zufällig erscheinen, da sie ohne Ursache auftreten. Dann heißt es, daß der eine „Glück" und ein anderer „Pech" hatte, da man davon ausgeht, daß beide etwas erhalten haben, das sie weder verdient noch hervorgerufen haben. Gründlicheres Nachdenken und ein klarerer Einblick in das Leben überzeugen uns jedoch, daß nichts ohne Ursache geschieht und daß Ursache und Wirkung immer in perfekter Anpassung und Harmonie zusammenhängen. Jedes Geschehen, das uns direkt berührt, hängt daher eng mit unserem eigenen Willen und unserem Charakter zusammen. Es ist in der Tat eine Wirkung, die in rechtem Zusammenhang mit einer Ursache steht, die ihren Sitz in unserem Bewußtsein hat. Kurz gesagt: Unbeabsichtigt eintretende Lebensereignisse sind das Ergebnis unserer eigenen Gedanken und Taten. Ich gebe zu, daß dies von außen nicht sichtbar ist; aber welches grundlegende Gesetz *ist,* selbst im physischen Universum, so offensichtlich? Wenn Nachdenken, Untersuchung und Experiment für die Entdeckung der Prinzipien notwendig sind, die ein materielles Atom mit einem anderen in Beziehung setzen, sind sie auch für die Wahrnehmung und das Verständnis der Wirkungsweise, die einen mentalen Zustand mit einem anderen in Beziehung setzt, unerläßlich; und solche Verhaltensweisen, solche Gesetze, sind dem recht Handelnden bekannt, demjenigen, der durch die Ausübung richtiger Handlungen einen einfühlsamen Verstand erworben hat.

Wir ernten, was wir säen. Die Dinge, die uns begegnen, geschehen nicht, weil wir sie uns *aussuchen*, sondern indem wir sie *verursachen*. Der Trunkenbold wählte nicht das Delirium oder den Wahnsinn, der ihn befällt, aber er verursachte diese Zustände durch seine eigenen Taten. In diesem Fall ist die Gesetzmäßigkeit für jedermann offensichtlich, aber auch wenn es nicht so offensichtlich ist, ist es nichtsdestotrotz wahr. In uns selbst befindet sich die tiefsitzende Ursache all unserer Leiden, der Quell all unserer Freuden. Verändere die innere Welt der Gedanken, und die äußere Welt der Ereignisse wird aufhören, dir Leid zu bringen; reinige dein Herz, und für dich werden alle Dinge rein sein, alle Vorkommnisse glücklich und in rechter Ordnung.

„In euch selbst müßt ihr Erlösung suchen,
Schafft sich doch jeder sein eigenes Gefängnis,
Und jedem wohnt höchstes Glück inne;
Mit Mächten über uns, um uns und unter uns,
Bestimmt das Handeln über Freud' oder Wehe."

Unser Leben ist gut oder schlecht, versklavt oder frei, entsprechend seiner zugrunde liegenden Ursächlichkeit in unseren Gedanken, denn aus diesen Gedanken entspringen all unsere Taten, und aus diesen Taten ergeben sich gerechte Ergebnisse. Wir können gute Ergebnisse nicht wie ein Dieb gewaltsam an uns reißen und sie beanspruchen und genießen, aber wir können sie durchsetzen, indem wir die Ursachen in uns in Bewegung setzen.

Die Menschen streben nach Geld, sehnen sich nach Glück und würden gerne Weisheit besitzen, und doch gelingt es ihnen nicht, sich diese Dinge zu sichern, während sie andere sehen, denen diese Segnungen offenbar in den Schoß fallen. Der Grund ist, daß sie Voraussetzungen geschaffen haben, die der Erfüllung ihrer Wünsche und Bemühungen entgegenstehen.

Jedes Leben ist ein perfekt gewebtes Geflecht von Ursachen und Wirkungen, von Bemühungen (oder dem Mangel an Bemühungen) und Ergebnissen; und gute Ergebnisse können nur erreicht werden, wenn zu Beginn gute Bemühungen und gute Ursachen vorhanden sind. Der Handelnde richtiger Handlungen, der vernünftige, auf den richtigen Prinzipien beruhende Methoden verfolgt, muß nicht nach guten Ergebnissen streben und um sie kämpfen; sie werden als Auswirkungen seiner aufrechten Lebensregel bereits vorhanden sein. Er wird die Frucht seines eigenen Handelns ernten, und die Ernte wird in Freude und Frieden erfolgen.

Diese Metapher des Säens und Erntens im moralischen Bereich ist an für sich eine simple, doch die Menschen verstehen und akzeptieren sie nur langsam. Von einem Weisen wurde uns gesagt, daß „die Kinder dieses Zeitalters weiser sind als die Kinder des Lichts" (Lukas 16:8), und wer würde erwarten, in der materiellen Welt zu ernten und zu genießen, was er nicht gesät und gepflanzt hatte? Oder wer würde erwarten, Weizen auf dem Feld zu ernten, auf dem er Unkraut gesät hatte, und würde in Weinen und Wehklagen verfallen, wenn er es nicht täte?

Aber genau das tun Menschen in Bezug auf den Zusammenhang von Geist und Tat. Sie tun Böses und erwarten, davon Gutes zu erlangen, und wenn die bittere Ernte in all ihrer reifen Fülle kommt, verfallen sie in Verzweiflung und beklagen die Härte und Ungerechtigkeit ihres Loses, die sie gewöhnlich den bösen Taten anderer zuschreiben, da sie sich weigern, auch nur die Möglichkeit einzuräumen, daß die Ursache in ihnen selbst, in ihren eigenen Gedanken und Taten verborgen sein könnte. Die Kinder des Lichts – diejenigen, die nach den Grund-prinzipien des wahrhaftigen Lebens suchen, um sich in weise und glückliche Menschen zu verwandeln – müssen sich selbst befleißigen, dieses Gesetz von Ursache und Wirkung in Gedanken, Worten und Taten ebenso un-bedingt und gehorsam zu beachten wie der Gärtner dem Gesetz des Säens und Erntens gehorcht. Er stellt diese Gesetzmäßigkeit nicht in Frage; er erkennt sie an und beugt sich ihr. Wenn die Weisheit, die er in seinem Garten instinktiv praktiziert, von den Menschen im Garten ihres Geistes ausgeübt wird – wenn das Gesetz der Aussaat von Gedanken so vollständig erkannt wird, daß es nicht länger bezweifelt oder in Frage gestellt werden kann – dann wird ihm gewiß ebenso getreu gefolgt, indem Handlungen ausgesät werden, die für alle eine Ernte reinen Glücks und Wohlbefindens bringen werden. Wie die Kinder der Materie den Gesetzen der Materie gehorchen, so sollen die Kinder des Geistes den Gesetzen des Geistes gehorchen, denn das Gesetz der Materie und das Gesetz des Geistes sind eins: Sie sind nur zwei Aspekte einer Sache; die Wirkung eines Prinzips in entgegengesetzte Richtungen.

Wenn wir uns an die richtigen Prinzipien oder Ursachen halten, können keine falschen Auswirkungen darauf erfolgen. Indem wir solide Methoden verfolgen, kann kein loser Faden in das Gewebe unseres Lebens gelangen, kein morscher Ziegelstein sich in das Gebäude unseres Charakters schleichen, um ihn wankelmütig zu machen; und indem wir gute Handlungen ausführen, können nur gute Ergebnisse erzielt werden; denn zu behaupten, daß gute Ursachen schlechte

Auswirkungen haben können, würde bedeuten, daß Brennesseln durch die Aussaat von Mais geerntet werden können.

Wer sein Leben nach den nunmehr kurz erläuterten moralischen Grundsätzen ordnet, wird zu einem Zustand der Einsicht und des inneren Gleichgewichts gelangen, der ihn dauerhaft glücklich und auf ewig froh macht. Alle seine Bemühungen werden zu ihrer Zeit fruchten. Alle Bereiche seines Lebens werden gut sein, und wenn er vielleicht auch kein Millionär wird, weil er schlichtweg nicht das Verlangen hat, einer zu werden – wird er doch das Geschenk des Friedens erwerben und mit wahrem Erfolg belohnt werden.